Verführerisch gut Vegetarisch

Rezepte und Fotographie: Karl Newedel

Bassermann

Bunte Vielfalt zu jeder Jahreszeit 7

Gesunder Genuss 7

Die Fitmacher der Saison 8

Frühling 12

Sommer 34

Herbst 56

Winter 86

Rezeptregister 106

Abkürzungen 107

Impressum 109

Inhalt

Bunte Vielfalt zu jeder Jahreszeit

Gemüse in der Hauptrolle

Dank eines breit gefächerten Obst- und Gemüseangebots auf Wochenmärkten, in Bioläden und Supermärkten können wir vom Frühling bis Winter in einer Fülle verschiedener Früchte- und Gemüsesorten schwelgen. Da wird Fisch und Fleisch schnell zur Nebensache. Doch das war nicht immer so.

Während Getreide in Europa schon seit etwa 8000 Jahren in Europa kultiviert wird, wurde der Zucht von Obst und Gemüse erst im Mittelalter Bedeutung geschenkt. Mit der Entdeckung neuer Kontinente kamen immer neue Sorten hinzu, die sich rasch verbreiteten. Ein Beispiel hierfür ist die Kartoffel, die – nach ihrem langen Weg von Südamerika über Spanien – heute so oft wie kein anderes Gemüse auf unsere Teller kommt.

Das Interesse an einer rein vegetarischen Ernährung begann bereits Ende des 19. Jahrhunderts. Einen ersten Höhepunkt erreichte es in den 1970er-Jahren, im Zuge des wachsenden Bewusstseins für Natur- und Tierschutz. Auch fremde Kulturen und deren überwiegend vegetarische Ernährung inspirierten zu dieser Zeit die hiesigen Köche zu fleischlosen Kreationen. Vor allem die indische, chinesische wie auch die Mittelmeerküche brachte neue, geschmackvolle Impulse, die leicht in die deutsche Küche integriert werden konnten. Heute ist es vor allem das gestiegene Gesundheitsbewusstsein und das ökologisches Gewissen, was immer mehr Menschen auf eine fleischlose Ernährungsweise umsteigen lässt.

Das macht Lust aufs Kochen

Man muss kein überzeugter Vegetarier sein, schon hin und wieder ein fleischloses Gericht kann zu völlig neuen Geschmackserlebnissen führen. Denn weniger Fleisch und Wurst zu essen hat nichts mit Verzicht zu tun, wie die Rezepte in diesem Buch beweisen. Probieren Sie es aus. Mit diesem Buch werden Sie keine Mühe haben, neue Lieblingsgemüse zu entdecken. Und stehen Getreide, Gemüse, Obst, Kartoffeln, Hülsenfrüchte oder Nüsse regelmäßig auf dem Tisch, dann haben Sie bereits viel für Ihre Gesundheit getan.

Gesunder Genuss

Saisonale Produkte schmecken nicht nur besser und sind besonders nährstoffreich, sie kosten zudem auch deutlich weniger als Importware, weil sie zur Erntezeit in großer Menge vorhanden sind. Besonders Bauern- und Wochenmärkte bieten Frisches aus der Region und geben einen guten Überblick, was gerade Saison hat. Und je mehr und je öfter wir vital- und nährstoffreiches Gemüse und Obst verzehren, umso besser sind wir vor Erkältungen, Herz- und Kreislauf-Krankheiten und sogar Krebs geschützt. Denn in den farbenfrohen Produkten stecken jede Menge

Vitamine, Mineralstoffe und Spurenelemente, die unser Körper zur Gesunderhaltung benötigt. Die reichlich enthaltenen Ballaststoffe sorgen für eine gut funktionierende Verdauung, ätherische Öle regen den Stoffwechsel an, und der vor allem in Obst enthaltene Fruchtzucker liefert gesunde Kohlenhydrate für neue Energie. Das Immunsystem wird nicht nur durch den hohen Gehalt an den Vitaminen A, B und C gestärkt, sondern auch durch das Zusammenspiel von über 10 000 sekundären Pflanzenstoffen wie Carotinoide und Flavonoide.

Die Fitmacher der Saison

Wenn die Natur erwacht: Bärlauch und Spargel

Bärlauch enthält schwefelhaltige Verbindungen, Magnesium und Vitamin C. Sein Genuss schützt so vor Herz-Kreislauf-Erkrankungen, Magen-Darm-Beschwerden und stärkt das Immunsystem. Die in Spargel enthaltene Asparaginsäure regt die Nierenfunktion an und wirkt somit entwässernd. Ideal für eine Entschlackungskur im Frühjahr. Sein Cocktail aus Vitamin A, E und K wirkt positiv auf Blut, Augen und das Nervensystem.

Wenn die Sonne scheint: Tomaten und Paprika

Lycopin, das den Tomaten ihre Farbe verleiht, soll wie auch andere Carotinoide auf bestimmte Krebsarten und Herz-Kreislauf-Erkrankungen eine vorbeugende Wirkung haben. Dicht gefolgt von roten Paprika. Eine Schote deckt bereits 40 Prozent des Tagesbedarfs an Beta-Carotin und über 200 Prozent an Vitamin C.

Wenn die Blätter fallen: Kürbis und Pilze

Im Kürbisfleisch und vor allem in seinen Samen stecken die wertvollen Phytosterine, sekundäre Pflanzenstoffe, die Heilungsprozesse bei Blasen- und Prostataerkrankungen unterstützen. Pilze liefern viele wichtige B-Vitamine und sind ein wichtiger Eiweiß- und Spurenelementlieferant, z. B. für Mangan, Zink und Selen. Chitin, ein unverdaulicher Ballaststoff, sorgt nach einer Pilzmahlzeit für lang anhaltende Sättigung. Das ist gut für die Figur.

Wenn die Kälte kommt: Kohl und Nüsse

Kohl enthält weit mehr Vitamine als andere Gemüse- und auch Obstsorten. Selbst wenn er lange Zeit gekocht wird, bleibt sein Vitamin-C-Gehalt dank spezieller Co-Enzyme konstant. Er ist sozusagen eine Vitamin-Sensation. Wertvolle Fettsäuren und reichlich B-Vitamine machen Nüsse in der kalten Jahreszeit zu optimalen Kraft- und Energiespendern, und sie schützen nachweislich vor Diabetes und Parkinson.

Richtig einkaufen, lagern und zubereiten

Damit von all dem guten Innenleben genügend auf dem Teller landet, sollte man einiges beachten.

Unter freiem Himmel

Auch wenn Treibhäuser und Folienanbau vorzeitige Ernte möglich machen, wirklich aromatischen Genuss bietet nur Obst und Gemüse, das unter freiem Himmel angebaut wurde. Denn dann bekommt es genügend Luft und vor allem Sonne ab, die aus fader Stärke zuckrige Süße entstehen lässt.

Um die Ecke oder Bio

Regionale Produkte landen ohne große Umwege direkt im Regal und dürfen daher vor der Ernte zur geschmacklichen Vollendung und Maximierung des Nährstoffgehaltes vollständig ausreifen, was bei Importware aufgrund der langen Transportwege nicht möglich ist. Wer zu Bio-Ware greift ist auch in Sachen Schadstoffbelastung und Genmanipulation auf der sicheren Seite. Viele Bauernhöfe wie auch Bio-Lieferdienste bieten Obst- oder Gemüsekisten an, die ganz bequem bis vor Ihre Haustüre geliefert werden.

Raus aus der Tüte

Achten Sie beim Kauf von verpackter Ware auf Unversehrtheit und Frische. Das ist nicht immer einfach, denn einerseits verdecken Verpackungen oft und geschickt holzige Enden, welkes Grün oder gar faulige Stellen und andererseits versprechen z. B. glänzende Folien Frische, die keine mehr ist. Wird Obst oder Gemüse zu lange oder falsch gelagert, sinkt rasch der Vitamin- und Mineralstoffgehalt. Kaufen Sie daher am besten lose Ware, die Sie selbst rundum prüfen können.

Lagern und Frischhalten

Werden die Einkäufe nicht sofort verbraucht, müssen sie auch zu Hause richtig aufbewahrt werden. Optimal ist das Gemüsefach des Kühlschranks, wo harte Gemüsesorten wie Möhren, Kohlrabi, Radieschen und auch Blattgemüse einige Tage ohne Vitaminverluste gelagert werden können. Sonnengereifte Früchte und Fruchtgemüse wie Tomaten mögen es etwas wärmer. An schattigen Plätzen in der Küche oder in der Speisekammer fühlen sie sich richtig wohl – hier können sie ihr süßes Aroma sogar noch verfeinern.

Schneiden und Waschen

Je kürzer die Vor- und Zubereitungszeit, umso mehr Vitamine bleiben erhalten. Denn je länger Schnittstellen mit Sauerstoff in Kontakt kommen, umso schneller gehen dabei Inhaltsstoffe verloren. Verarbeiten Sie die Zutaten daher immer erst unmittelbar vor der weiteren Verwendung und lassen Sie sie nicht in Wasser oder in der prallen Sonne liegen. Viele Gemüsesorten können ihre schützende Schale behalten, die meist besonders viele Vitalstoffe enthält. Waschen Sie diese lediglich heiß ab, nötigenfalls mit einer Gemüsebürste. Für Blattgemüse und Salate verwenden Sie besser kaltes Wasser.

Holunder-Spargel in Folie gegart 14

Spargel-Tomaten-Salat 16

Spargel mit Sauce hollandaise 18

Bärlauch-Timbale mit Erbsen 20

Obazda-Brezel-Knödel auf Radieschensalat 22

Frühlingsgemüse mit Amaranth 24

Gebackener Kohlrabi mit Kartoffelecken 26

Gemüse in Kokosmilch mit Cashewkernen 28

Hirse-Spinat-Buletten mit Schafkäse 30

Blumenkohl-Kartoffel-Curry 32

Frühling

Holunder-Spargel in Folie gegart

ergibt ca. 4 Portionen • Zubereitungszeit ca. 1,5 Stunden

1 kg weißer Spargel
6 EL Holunderblütensirup
Salz
6–8 frisch aufgeblühte Holunderblüten
200 g Frischkäse
150 g Joghurt
frisch gemahlener schwarzer Pfeffer
½ Bund frische Minze

außerdem
1 feuerfeste Form
Butter für die Form

1 Den Backofen auf 80 °C (Umluft 60 °C) vorheizen. Die Form fetten. Den Spargel schälen, holzige Enden abschneiden. Die Spargelstangen in die Form legen, mit Holunderblütensirup beträufeln und mit etwas Salz würzen.

2 Die Holunderblüten säubern und lange Stiele abschneiden. Die Dolden auf die Spargelstangen legen. Die Form dicht mit Alufolie verschließen und im heißen Backofen (Mitte) je nach Dicke der Stangen ca. 1,5 Stunden garen.

3 Den Frischkäse mit Joghurt glatt verrühren, salzen und pfeffern. Die Minze abbrausen, trocken tupfen, Blättchen von den Stielen zupfen und fein hacken. Die Minze unter den Frischkäse rühren und zum Spargel servieren.

Spargel-Tomaten-Salat

ergibt ca. 4 Portionen • Zubereitungszeit ca. 1 Stunde

1 kg weißer Spargel	400 g kleine Tomaten
250 g Magerquark	6 Frühlingszwiebeln
30 g sehr weiche Butter	5 EL Weißweinessig
3 Eigelbe	½ TL Salz
5 EL Semmelbrösel	½ TL Zucker
Salz	6 EL Sonnenblumenöl
Pfeffer	4 EL Sonnenblumenkerne
1 Bund Basilikum	

1 Den Spargel schälen und die trockenen Enden abschneiden. Die Stangen in leicht gesalzenem Wasser 10–15 Minuten bissfest garen.

2 Inzwischen den Quark mit Butter, Eigelben und Semmelbröseln glatt verrühren, salzen und pfeffern. Basilikum abbrausen, trocken tupfen, Blättchen fein hacken und unter die Quarkcreme rühren.

3 Die Tomaten waschen und quer zum Stielansatz in Scheiben schneiden. Die Frühlingszwiebeln waschen, putzen und in ca. 2 cm lange Stücke schneiden.

4 Den Spargel aus dem Sud nehmen und abtropfen lassen. Den Sud auf dem Herd lassen. Mit Hilfe von 2 Teelöffeln aus der Quarkmasse kleine Nocken formen. In den siedenden Spargelsud geben und darin etwa 10 Minuten ziehen lassen.

5 Die Spargelstangen in Stücke schneiden. Den Essig mit Salz und Zucker verrühren. Das Öl unterschlagen. Tomaten, Frühlingszwiebeln und Spargelstücke mit dem Dressing mischen.

6 Die Sonnenblumenkerne in einer Pfanne ohne Fett bei kleiner Hitze rösten. Herausnehmen und abkühlen lassen. Die Nocken aus dem Sud heben, abtropfen lassen und zum Salat servieren. Die Sonnenblumenkerne darüberstreuen.

Tipp Die Nockerl sind auch ideal als Einlage für mediterrane Suppen.

Spargel mit Sauce hollandaise

ergibt ca. 4 Portionen • Zubereitungszeit ca. 45 Minuten

für den Spargel
1 kg weißer Spargel
½ TL Zucker
1 Spritzer Zitronensaft

für die Sauce
250 g Butter
1 Schalotte
2 EL Weißweinessig
6 EL trockener Weißwein
5 schwarze Pfefferkörner, grob zerstoßen
3 Stängel frische Petersilie
1 Lorbeerblatt
4 Eigelbe
Cayennepfeffer
Worcestershiresauce

1 Den Spargel schälen und die holzigen Enden abschneiden. In leicht gesalzenem Wasser mit Zucker und Zitronensaft ca. 20 Minuten bissfest garen. Herausnehmen, abtropfen lassen.

2 Für die Hollandaise die Butter klären. Dafür die Butter bei schwacher Hitze in einem kleinen Topf aufkochen. Den aufsteigenden weißen Schaum mit einer Schaumkelle abnehmen. So oft wiederholen bis die Butter klar ist. Dann die geklärte Butter in einen anderen Topf umgießen, warm und flüssig halten.

3 Die Schalotte schälen, fein würfeln. Den Essig mit Schalottenwürfeln, Weißwein, Pfeffer, Petersilie und Lorbeerblatt in einen kleinen Topf geben, aufkochen und auf ein Drittel einkochen lassen. Dann durch ein Sieb in eine kleine Metallschüssel gießen. Etwas abkühlen lassen.

4 Die Eigelbe zufügen und die Schüssel über ein heißes Wasserbad (ca. 60–70 °C) stellen. Mit einem Schneebesen dickschaumig aufschlagen. Dann die Schüssel vom Wasserbad nehmen und die flüssige Butter zuerst tropfenweise dann im dünnen Strahl darunter schlagen. Die Sauce mit Salz, Zitronensaft, Cayennepfeffer und einem Spritzer Worcestershiresauce abschmecken. Den Spargel mit der Sauce auf vorgewärmten Tellern anrichten.

Bärlauch-Timbale mit Erbsen

ergibt ca. 4 Portionen • Zubereitungszeit ca. 30 Minuten • Kühlzeit 2 bis 3 Stunden

6 Blatt Gelatine
1 Zwiebel
30 g Butter
150 g Schmand
200 g Schlagsahne
200 g TK-Erbsen
400 g Hüttenkäse

Salz
Pfeffer
1 TL Zitronensaft
40 g Bärlauch (alternativ 2 EL Bärlauchpesto)
4 Timbal- oder andere Förmchen (à 350 ml Inhalt)

1 Die Gelatine nach Packungsanleitung in kaltem Wasser einweichen.

2 Die Zwiebel schälen und fein würfeln. Die Butter in einem kleinen Topf erhitzen und die Zwiebel darin glasig braten. Schmand, 50 g Sahne und Erbsen zugeben, 5 Minuten köcheln lassen, dann vom Herd nehmen.

3 Die Gelatine gut ausdrücken, zu den heißen Erbsen geben und unter Rühren auflösen. Den Hüttenkäse zugeben und gut unterrühren, mit Salz, Pfeffer und Zitronensaft abschmecken.

4 Den Bärlauch abspülen, trocken tupfen, in feine Streifen schneiden und unter die Käsemasse rühren. Die Masse im Kühlschrank abkühlen lassen. Die restliche Sahne steif schlagen.

5 Sobald die Masse zu gelieren beginnt, die Sahne unterheben. Die Masse in Förmchen füllen und für mindestens 2 Stunden in den Kühlschrank stellen.

6 Zum Servieren die Förmchen kurz in heißes Wasser tauchen und das Timbale mit einem spitzen Messer vom Förmchenrand trennen, dann auf Teller stürzen.

Tipp Sie können einen Teil des Bärlauchs durch Basilikum ersetzen, das gibt dem Pesto eine mediterrane Note.

Obazda-Brezel-Knödel auf Radieschensalat

ergibt ca. 4 Portionen • Zubereitungszeit ca. 40 Minuten

1 kleine Zwiebel
1 TL Kümmelsamen
2 Brezeln vom Vortag
250 g reifer Camembert
200 g Frischkäse
4 EL dunkles Bier
Salz
Cayennepfeffer

30 g Butter
4 EL Weißweinessig
4 EL Öl
Pfeffer aus der Mühle
2 Bund Radieschen
3 Frühlingszwiebeln
1 Bund Schnittlauch

1 Die Zwiebel schälen und fein würfeln. Den Kümmel hacken. Die Brezeln in 1 cm große Würfel schneiden. Den Camembert (Zimmertemperatur) mit einer Gabel zerdrücken und mit dem Frischkäse verrühren. Zwiebel, Kümmel und Bier untermengen, mit Salz und Cayennepfeffer pikant abschmecken.

2 Die Butter in einer Pfanne erhitzen und die Brezelwürfel darin bei mittlerer Hitze rundum anbraten. Etwas abkühlen lassen und dann unter die Käsemasse mengen, beiseite stellen und kurz durchziehen lassen.

3 Inzwischen aus Essig, Öl, Salz und Pfeffer ein Dressing zubereiten. Radieschen waschen, putzen und in dünne Scheiben schneiden. Frühlingszwiebeln waschen, putzen und in dünne Ringe schneiden. Radieschen und Frühlingszwiebel in eine Schüssel geben, mit dem Dressing mischen und auf Tellern verteilen.

4 Den Schnittlauch abspülen, trocken tupfen und in feine Röllchen schneiden. Die Knödelmasse zu 8 Knödeln formen, in den Schnittlauchröllchen wälzen und je 2 Knödel auf dem Salat anrichten.

Tipp Obazda wurde einst von einer Freisinger Wirtin erfunden. Um ihren überreifen Camembert noch unter die Leute zu bringen mischte sie diesen mit Butter, Zwiebeln, Kümmel und Paprikapulver. Für eine kräftigere Variante kann man auch noch Limburger oder Romadur daruntermengen.

Frühlingsgemüse mit Amaranth

ergibt ca. 4 Portionen • Zubereitungszeit ca. 40 Minuten

800 ml Gemüsebrühe
250 g Amaranth
3 EL Butter
Salz
100 g Zuckerschoten
75 g Erbsensprossen (auch Erbsenspargel genannt)
400 g junge Möhren
400 g (Mini-)Zucchini
schwarzer Pfeffer aus der Mühle
200 ml Crème double
einige essbare Blüten zum Garnieren (nach Belieben)

1 Die Gemüsebrühe mit Amaranth in einen kleinen Topf geben, zum Kochen bringen und bei kleiner Hitze ca. 30 Minuten köcheln lassen. Den Topf vom Herd nehmen und den Amaranth weitere 5 Minuten quellen lassen. 1 EL Butter unterrühren und mit Salz abschmecken.

2 Die Zuckerschoten waschen, putzen und in wenig Wasser ca. 2 Minuten garen, herausnehmen, kalt abschrecken und abtropfen lassen.

3 Die Erbsensprossen gut abspülen und abtropfen lassen. Möhren und Zucchini waschen, putzen und längs halbieren. In einer großen Pfanne die übrige Butter erhitzen. Zucchini und Möhren darin ca. 3 Minuten bei mittlerer Hitze anbraten, salzen und pfeffern. Zuckerschoten und Crème double zugeben und weitere 3 Minuten garen. Die Erbsensprossen unterheben.

4 Das Gemüse auf Tellern anrichten und nach Belieben mit Blüten garnieren. Dazu den Amaranth reichen.

Tipp Zu den essbaren Blüten gehören z. B. alle Veilchenarten, außerdem Vergissmeinnicht, Gänseblümchen, Studentenblume, Ringelblume, Kornblume und Fuchsie.

Gebackener Kohlrabi mit Kartoffelecken

ergibt ca. 4 Portionen • Zubereitungszeit ca. 50 Minuten

2 Eier
600 g vorwiegend festkochende Kartoffeln
4 EL Öl
grobes Meersalz
600 g Kohlrabi
2 Gewürzgurken

1 Bund Schnittlauch
1 kleine Zwiebel
150 g Maiskörner (aus der Dose)
200 g Mayonnaise
150 g Joghurt
Cayennepfeffer

1 Den Ofen auf 200 °C (Umluft 180 °C) vorheizen. Ein Backblech mit Backpapier auslegen. Die Eier 8–10 Minuten in kochendem Wasser hart kochen. Herausnehmen, kalt abschrecken und abkühlen lassen.

2 Die Kartoffeln schälen und je nach Größe halbieren oder vierteln. In eine große Schüssel mit 2 EL Öl und etwas grobem Salz geben und mischen. Die Kartoffeln auf das Backblech legen und 30–35 Minuten goldbraun backen. Den Kohlrabi schälen und je nach Größe in vier oder acht Spalten schneiden, mit dem restlichen Öl in der Schüssel vermischen (evtl. noch etwas Öl und Salz zugeben), dann zu den Kartoffeln geben und 15–20 Minuten mitbacken.

3 Die Gewürzgurken klein würfeln. Den Schnittlauch abspülen, trocken tupfen und in feine Röllchen schneiden. Die Zwiebel schälen und klein würfeln. Den Mais in einem Sieb abtropfen lassen.

4 Die Mayonnaise mit Joghurt glatt verrühren. Die gekochten Eier schälen und klein würfeln. Mit Gurken, Zwiebel, Schnittlauch und Mais unter die Mayonnaise rühren, mit Salz und Cayennepfeffer pikant abschmecken. Das Ofengemüse heiß servieren und dazu die Mayonnaise reichen.

Tipp Auf diese Weise können Sie auch Süßkartoffeln oder Mairübchen zubereiten.

Gemüse in Kokosmilch mit Cashewkernen

ergibt ca. 4 Portionen • Zubereitungszeit ca. 30 Minuten

3 Möhren
300 g Pak Choi
500 g Tofu
1 Stück Ingwer (ca. 5 cm)
150 g Zuckererbsen
5 EL Öl
100 g Cashewkerne

150 g Maiskölbchen (aus dem Glas)
200 g Sojasprossen
6 EL Sojasauce
1 TL Zucker
2 TL rote Currypaste
400 ml Kokosmilch

1 Die Möhren schälen und schräg in ½ cm dicke Scheiben schneiden. Den Pak Choi waschen, putzen und in 3 cm breite Streifen schneiden. Den Tofu abtropfen lassen und in 3 cm große Würfel schneiden. Den Ingwer schälen und in dünne Scheiben schneiden. Die Zuckererbsen waschen und putzen.

2 Das Öl in einem Wok oder in einer großen Pfanne stark erhitzen. Den Tofu darin unter häufigem Wenden knusprig anbraten, herausnehmen und beiseite stellen. Im verbliebenen Öl die Cashewkerne hellbraun anrösten, herausnehmen und abkühlen lassen.

3 Möhren und Zuckerschoten im verbliebenen Öl ca. 2 Minuten anbraten. Dann Pak Choi, Maiskölbchen und Sojasprossen zugeben, ca. 3 Minuten mitbraten. Dann das Gemüse aus dem Wok nehmen und beiseite stellen.

4 Ingwer, Sojasauce, Zucker und Currypaste in den heißen Wok geben und etwa 1 Minute unter ständigem Rühren braten. Die Kokosmilch zugeben, kurz aufkochen lassen. Das Gemüse, Tofu und Cashewkerne hinzufügen und darin erhitzen. Das Curry mit etwas Sojasauce abschmecken und servieren.

Tipp Statt Pak Choi können Sie auch Chinakohl verwenden.

Hirse-Spinat-Buletten mit Schafkäse

ergibt ca. 4 Portionen • Zubereitungszeit ca. 50 Minuten

700 ml Gemüsebrühe
120 g Hirse
400 g Spinat
1 Zwiebel
1 Knoblauchzehe
4 EL Olivenöl

Salz
Pfeffer
frisch geriebene Muskatnuss
300 g Schafkäse (Feta)
2 Eier

1 Die Gemüsebrühe in einem kleinen Topf zum Kochen bringen. Die Hirse einrühren und im geschlossenen Topf nahe am Siedepunkt in ca. 20 Minuten ausquellen lassen.

2 Den Spinat waschen, verlesen und grobe Stiele entfernen. Zwiebel und Knoblauch schälen und fein würfeln. Das Öl in einem Topf erhitzen, die Zwiebelwürfel darin glasig braten. Knoblauch kurz mitdünsten, Spinat zugeben und zugedeckt zusammenfallen lassen. Durch ein Sieb abgießen und etwas abkühlen lassen. Dann gut ausdrücken, grob hacken und mit Salz, Pfeffer und frisch geriebener Muskatnuss würzen.

3 Den Backofen auf 180 °C (Umluft 160 °C) vorheizen. Ein Backblech mit Backpapier belegen. Den Schafkäse in 1 cm große Würfel schneiden. Die Hirse in ein Sieb abgießen und gut abtropfen lassen. Die Eier verschlagen, Spinat, Hirse und Schafkäse darunter mischen. Mit feuchten Händen 8 Buletten formen und auf das Blech legen, im heißen Ofen (Mitte) ca. 20 Minuten goldbraun backen.

Tipp Dazu passt ein grüner Salat mit Joghurt-Dressing. Dafür verrühren Sie 100 g Crème fraîche mit 200 g Joghurt, 1 EL Zitronensaft, 1 TL Zucker und Salz.

Blumenkohl-Kartoffel-Curry

ergibt ca. 4 Portionen • Zubereitungszeit ca. 50 Minuten

3 Zwiebeln
1 Knoblauchzehe
600 g vorwiegend festkochende Kartoffeln
3 EL Butterschmalz
1 EL braune Senfkörner
1 TL Kreuzkümmel
2 TL Currypulver
2 TL Tomatenmark
1 l Gemüsebrühe

600 g Blumenkohl
1 kleines Stück Zimtstange (ca. 3 cm)
1 kleine Chilischote
1 TL Zucker
Salz
Chiliflocken (nach Belieben)
1 EL gehackte Korianderblättchen oder Petersilie

1 Die Zwiebeln schälen und fein würfeln. Den Knoblauch schälen und in feine Scheiben schneiden. Die Kartoffeln schälen und in 3 cm große Würfel schneiden.

2 Das Butterschmalz in einem Topf erhitzen. Senfkörner und Kreuzkümmel darin anrösten, bis sie leise knistern. Dann die Zwiebelwürfel hinzufügen und glasig anbraten. Knoblauch, Currypulver und Tomatenmark zugeben, 1–2 Minuten mitrösten. Die Brühe zugießen, zum Kochen bringen und zugedeckt ca. 15 Minuten köcheln lassen. Dann die Kartoffelwürfel zugeben und weitere 15 Minuten köcheln lassen.

3 Inzwischen den Blumenkohl putzen und in kleine Röschen teilen. Zimtstange, Chilischote, Zucker und Blumenkohl zu den Kartoffeln in die Brühe geben und weitere 10 Minuten köcheln lassen. Das Curry mit Salz und Chiliflocken würzen, die Kräuterblättchen darüberstreuen.

Bunter Nudelsalat 36

Bratlinge mit eingelegten Paprikaschoten 38

Ratatouille aus dem Backofen 40

Kartoffel-Paprikagulasch 42

Spaghetti mit frischer Tomatensauce 44

Tomatensuppe mit Pesto 46

Knusprige Zucchini-Möhren-Frikadellen 48

Getrocknete Zucchini mit Auberginenmus 50

Wassermelonen-Avocado-Salat 52

Mangold-Graupen-Auflauf 54

Sommer

Bunter Nudelsalat

ergibt ca. 4 Portionen • Zubereitungszeit ca. 30 Minuten

500 g Schmetterlingsnudeln (Farfalle)
Salz
4 EL Olivenöl
1 gelbe Paprikaschote
150 g junger Stangensellerie
250 g in Öl eingelegte getrocknete Tomaten
10 Minzeblättchen
1 Bund Rucola
250 g Mini-Mozzarella-Kugeln
½ Knoblauchzehe
Saft von ½ Zitrone
½ TL Zucker
4 EL Kapern
20 schwarze Oliven ohne Stein
schwarzer Pfeffer aus der Mühle

1 Die Nudeln nach Packungsanleitung in einem großen Topf in reichlich Salzwasser bissfest garen. Abgießen, in einer Schüssel mit dem Öl mischen und abkühlen lassen.

2 Paprika waschen, halbieren, putzen und in 1 cm große Stücke schneiden. Sellerie waschen, putzen und in feine Scheiben schneiden. Die getrockneten Tomaten in einem Sieb abtropfen lassen (Öl dabei auffangen) und in breite Streifen schneiden. Die Minzeblättchen abspülen, trocken tupfen und in dünne Streifen schneiden. Rucola waschen, trocken schütteln. Dicke Stiele abschneiden und die Blättchen grob hacken. Mozzarella abtropfen lassen.

3 Knoblauch schälen und fein hacken, Salz daraufstreuen und mit dem Messerrücken fein zerdrücken. In einer Schüssel mit Zitronensaft, Zucker und 4 EL Tomatenöl gut verrühren.

4 Paprika, Sellerie, Tomaten, Minze, Mozzarella und Knoblauchdressing mit den übrigen Zutaten zu den Nudeln geben. Alles gut mischen. Mit Salz und Pfeffer würzen und etwas durchziehen lassen. Kurz vor dem Servieren die Rucolablättchen unterheben.

Tipp Der Salat lässt sich gut vorbereiten. Am besten schmeckt er, wenn er gut durchgezogen ist und die Rucolablättchen ganz frisch untergehoben werden.

Bratlinge mit eingelegten Paprikaschoten

ergibt ca. 4 Portionen • Zubereitungszeit ca. 1,5 Stunden • Marinierzeit 4 bis 8 Stunden

für die Paprikaschoten
2 rote Paprikaschoten
2 gelbe Paprikaschoten
1 Knoblauchzehe
Salz, Chiliflocken
hochwertiges Olivenöl zum Marinieren
5 Stängel Basilikum zur Dekoration

für die Bratlinge
400 ml Gemüsebrühe
125 g feines Sojagranulat (Reformhaus)
2 Frühlingszwiebeln
½ Bund Petersilie
10 in Öl eingelegte getrocknete Tomaten
5 EL zarte Haferflocken
2 EL frisch geriebener Parmesan
3 Eier
Salz, Pfeffer
4 EL Olivenöl

1 Den Backofen auf 250 °C (Ober- und Unterhitze) vorheizen. Ein Backblech mit Backpapier auslegen. Die Paprika vierteln und Kerne entfernen. Die Viertel mit der Hautseite nach oben auf das Blech legen und im heißen Ofen (oben) ca. 25–30 Minuten garen, bis die Haut schwarze Blasen wirft. Aus dem Ofen nehmen und mit einem kalten, feuchten Tuch bedecken und etwas abkühlen lassen, die Haut mit einem Messer abziehen.

2 Knoblauch schälen, fein würfeln und über den Paprikavierteln verteilen, mit Salz und Chiliflocken würzen. Die Viertel mit reichlich Olivenöl beträufeln und übereinander schichten. Einige Stunden (am besten über Nacht) marinieren.

3 Die Gemüsebrühe in einem Topf zum Kochen bringen. Das Sojagranulat einrühren, 5 Minuten köcheln lassen, vom Herd nehmen und 30 Minuten quellen lassen.

4 Frühlingszwiebeln in feine Ringe scheiden. Petersilie fein hacken. Tomaten abtropfen lassen (das Öl dabei auffangen) und klein würfeln. Sojagranulat in ein Sieb geben und leicht ausdrücken. Dann in einer großen Schüssel mit Haferflocken, Parmesan, Frühlingszwiebeln, Petersilie, Tomaten und etwa 3 EL Tomatenöl gut mischen. Eier unterrühren, salzen und pfeffern.

5 Das Öl in einer Pfanne erhitzen. Aus Sojamasse mit einem Esslöffel flache Küchlein in die Pfanne setzen. Bei mittlerer Hitze auf jeder Seite 4–5 Minuten braten.

Ratatouille aus dem Backofen

ergibt ca. 4 Portionen • Zubereitungszeit ca. 50 Minuten

2 Zwiebeln	Salz, Pfeffer	2–3 Knoblauchzehen
1 gelbe Paprikaschote	500 ml passierte Tomaten	½ Bund Petersilie
1 rote Paprikaschote	½ TL Zucker	½ Bund Basilikum
1 Aubergine	800 g Tomaten	2 EL Tomatenmark
2 Zucchini	1 Dose Kichererbsen	Butter für die Form
10 EL Olivenöl	(Abtropfgewicht 265 g)	

1 Zwiebeln, Paprikaschoten, Aubergine und Zucchini in 3 cm große Würfel schneiden, die Gemüse aber nicht mischen. Den Backofen auf 160 °C (Umluft 140 °C) vorheizen. Eine große Auflaufform einfetten.

2 2 EL Öl in einer großen Pfanne erhitzen, die Zwiebel darin glasig andünsten, in die Form füllen und in den Ofen stellen. Wieder 2 EL Öl in der Pfanne erhitzen und die Auberginen darin hellbraun anbraten, mit Salz und Pfeffer würzen und zu den Zwiebeln in den Ofen geben. Erneut 2 EL Öl erhitzen und die Paprikawürfel darin scharf anbraten, bis sie leicht bräunen, mit Salz und Pfeffer würzen und zu den anderen Gemüsen in den Ofen geben. Dann nochmals 2 EL Öl erhitzen und jetzt die Zucchiniwürfel darin anbraten, bis sie leicht bräunen, mit Salz und Pfeffer würzen und zu den anderen Gemüsen in den Ofen geben. Zuletzt die passierten Tomaten in der Pfanne erhitzen, mit Salz und Zucker würzen, dann unter das Gemüse mengen. Das Ratatouille weitere 15 Minuten im Backofen nicht zu weich garen.

3 Inzwischen die Tomaten kreuzweise einritzen und mit kochendem Wasser überbrühen. Nach 1–2 Minuten kalt abschrecken und häuten. Die Tomaten vierteln, Stielansatz und Kerne entfernen und das Fruchtfleisch grob würfeln. Die Kichererbsen in einem Sieb abgießen und gut abtropfen lassen. Den Knoblauch schälen und fein hacken. Petersilie und Basilikum abspülen, trocken tupfen und die Blättchen getrennt grob hacken.

4 Abermals 2 EL Öl in der Pfanne erhitzen, den Knoblauch darin kurz anbraten. Tomatenwürfel, Kichererbsen, Petersilie und Tomatenmark zugeben, alles kurz erhitzen, salzen und pfeffern. Das Gemüse aus dem Backofen nehmen, die Knoblauch-Tomatenmischung zum Ofengemüse geben und gut durchmischen. Mit Basilikum servieren.

Kartoffel-Paprikagulasch

ergibt ca. 4 Portionen • Zubereitungszeit ca. 45 Minuten

4 Zwiebeln
500 g festkochende Kartoffeln
1 gelbe Paprikaschote
1 rote Paprikaschote
1 Zucchini
4 EL Öl
3 EL Tomatenmark
1 EL edelsüßes Paprikapulver
1 l Gemüsebrühe

4 Tomaten
2 Knoblauchzehen
1 TL Kümmelsamen
1 TL getrockneter Majoran
½ TL Chiliflocken
Salz
1 TL abgeriebene Bio-Zitronenschale
½ Bund Petersilie
1 EL Zitronensaft

1 Die Zwiebeln schälen und grob würfeln. Die Kartoffeln schälen, Paprikaschoten und Zucchini waschen, putzen und alles in 2 cm große Würfel schneiden.

2 Das Öl in einem Topf erhitzen. Zwiebel und Paprika darin andünsten. Tomatenmark und Paprikapulver unterrühren und kurz mitbraten. Kartoffelwürfel zugeben, die Brühe zugießen und 20 Minuten bei kleiner Hitze leise köcheln lassen.

3 Die Tomaten kreuzweise einritzen und mit kochendem Wasser überbrühen. Nach 1–2 Minuten kalt abschrecken und häuten. Die Tomaten halbieren, Stielansatz und Kerne entfernen und das Fruchtfleisch grob würfeln.

4 Den Knoblauch mit Kümmel, Majoran und Chiliflocken fein hacken, Salz daraufstreuen und mit einem Messerrücken fein zerdrücken, dann mit der Zitronenschale mischen.

5 Die Gewürzmischung unter das Gemüse rühren. Die Petersilie abspülen, trocken schütteln und die Blättchen grob hacken. Tomatenwürfel, Petersilie und Zitronensaft unter das Gulasch rühren und heiß servieren.

Tipp Wenn Sie die Sauce sämiger haben wollen, können Sie einen Stabmixer hineinhalten und nur kurz einschalten, sodass ein kleiner Teil der Gemüse püriert ist.

Spaghetti mit frischer Tomatensauce

ergibt ca. 4 Portionen • Zubereitungszeit ca. 40 Minuten

2 kg vollreife Fleisch- oder Eiertomaten
1 Zwiebel
4 EL Öl
2 TL Zucker
4 EL weißer Aceto balsamico
Salz

400 g Spaghetti
3 Zweige Basilikum
30 g Butter
Pfeffer aus der Mühle
80 g frisch geriebener Parmesan

1 Die Tomaten kreuzweise einritzen und mit kochendem Wasser überbrühen. Nach 1–2 Minuten kalt abschrecken, häuten, halbieren und entkernen, dabei den Stielansatz entfernen. Das Tomatenfleisch in 2 cm große Würfel schneiden. Die Zwiebel schälen und fein würfeln.

2 Das Öl in einem Topf erhitzen und die Zwiebel darin glasig braten. Den Zucker einstreuen und schmelzen lassen, mit Essig ablöschen, etwas einkochen lassen. Dann drei Viertel der Tomaten zugeben, salzen und ca. 15 Minuten offen leise köcheln lassen, bis eine sämige Sauce entstanden ist.

3 Inzwischen die Spaghetti in reichlich gesalzenem Wasser nach Packungsanleitung bissfest garen.

4 Das Basilikum abspülen, trocken tupfen und die Blättchen grob hacken. Die übrigen Tomaten mit der Butter unter die Sauce rühren und mit Salz und Pfeffer abschmecken, vom Herd nehmen. Kurz vor dem Servieren das Basilikum untermischen. Spaghetti abgießen, mit der Tomatensauce mischen, auf Tellern verteilen und mit Parmesan bestreut servieren.

Tipp Diese Tomatensauce steht und fällt mit dem Geschmack der Tomaten. Sollten Sie mit den Tomaten kein Glück gehabt haben und Ihre Sauce schmeckt fade, dann können Sie sich behelfen, indem Sie mit Tomatenmark, etwas feingehacktem Knoblauch und gerebeltem Oregano nachwürzen.

Tomatensuppe mit Pesto

ergibt ca. 4 Portionen • Zubereitungszeit ca. 20 Minuten

für das Pesto
60 g Pinienkerne
1 Bund Basilikum
70 g Parmesan am Stück
3 Knoblauchzehen
½ TL Salz
125 ml kaltgepresstes Olivenöl

für die Suppe
1 Zwiebel
2 Öl
1 EL Zucker
4 EL weißer Balsamico-Essig
1 l passierte Tomaten (Dose oder Tetrapack)
Instantpulver für Gemüsebrühe für 1 l
300 g Erbsen (TK oder Dose)
Salz
Pfeffer

1 Für das Pesto die Pinienkerne in einer Pfanne ohne Fett kurz anrösten. Herausnehmen und abkühlen lassen. Das Basilikum abbrausen, trocken tupfen und die Blättchen von den Stielen zupfen. Den Parmesan grob zerkleinern. Den Knoblauch schälen.

2 Pinienkerne, Basilikum, Parmesanstückchen und Knoblauch mit Salz und Olivenöl fein pürieren.

3 Für die Suppe die Zwiebel schälen und klein würfeln. Das Öl in einem Topf erhitzen und die Zwiebel darin glasig anbraten. Den Zucker einstreuen und unter Rühren schmelzen lassen, den Topf vom Herd ziehen und mit Essig ablöschen, dann etwas einkochen.

4 Passierte Tomaten, Instantbrühpulver und Erbsen zugeben, kurz aufkochen. Mit Salz und Pfeffer würzen. In Suppenschalen verteilen und etwas von dem frischen Pesto darüberträufeln.

Tipp Das Pesto schmeckt toll auch zu Nudeln oder auf Brot. Füllen Sie übrig gebliebenes Pesto in ein Schraubglas und begießen es großzügig mit Olivenöl. Im Kühlschrank hält es sich gut verschlossen 2 bis 3 Wochen.

Knusprige Zucchini-Möhren-Frikadellen

ergibt ca. 4 Portionen • Zubereitungszeit ca. 40 Minuten

2 Zwiebeln
2 Möhren (ca. 150 g)
2 kleine Zucchini (ca. 250 g)
1 Knoblauchzehe
150 g Sonnenblumenkerne
5 EL Sonnenblumenöl

3 Eier
100 g Semmelbrösel
1 TL getrocknete Kräuter der Provence
Salz
schwarzer Pfeffer aus der Mühle
1 EL Butter

1 Die Zwiebeln schälen und fein würfeln. Die Möhren schälen und grob raspeln. Die Zucchini waschen, putzen und ebenfalls grob raspeln. Den Knoblauch schälen und fein hacken.

2 Die Sonnenblumenkerne in einer Pfanne ohne Fett bei mittlerer Hitze goldbraun rösten. Herausnehmen und in einer großen Schüssel abkühlen lassen.

3 In die heiße Pfanne 2 EL Öl geben und die Zwiebel darin glasig dünsten. Möhren- und Zucchiniraspel sowie Knoblauch dazugeben, etwa 5 Minuten bei mittlerer Hitze unter häufigem Rühren mitbraten. Das Gemüse zu den Sonnenblumenkernen in die Schüssel geben und etwas abkühlen lassen. Dann mit Eiern, Semmelbröseln und Kräutern gut verrühren, salzen, pfeffern und 5 Minuten quellen lassen.

4 Aus der Masse mit den Händen 12 Frikadellen formen. Übriges Öl in der Pfanne erhitzen und die Bratlinge darin auf jeder Seite 3–4 Minuten goldbraun braten. Kurz vor Ende der Garzeit die Butter in der Pfanne schmelzen lassen. Die Frikadellen darin nochmals wenden und heiß oder kalt servieren.

Tipp Irritiert Sie das Wort Frikadelle? So wird dieser Klops im Norden Deutschlands bezeichnet. Im Nordosten dagegen liebt man die Bulette, eng verwandt mit diesem Begriff ist die Grillette oder Grilletta, die in der DDR gerne gegessen wurde. Der Bayer verwendet den Ausdruck Pflanzerl oder Fleischpflanzerl, während es in Baden-Württenberg Fleichküchle gibt. Im Thüringischen entstand die Bezeichnung Huller.

Getrocknete Zucchini mit Auberginenmus

ergibt ca. 4 Portionen • Zubereitungszeit ca. 50 Minuten • Trockenzeit 1 bis 3 Stunden

für die Zucchini
4 Zucchini
5 EL Olivenöl
grobes Meersalz
½ Bund Minze

für das Auberginenmus
2 große Auberginen
2 Knoblauchzehen
2 EL Olivenöl
2 EL Sesampaste (Tahini)
Saft von 1 Zitrone
½ Bund Petersilie
½ TL gemahlener Kreuzkümmel
1 EL schwarzer Sesamsamen
1 TL rosa Pfefferkörner

1 Die Zucchini waschen, putzen und mit einem Sparschäler längs in dünne Streifen schneiden. Die Streifen nebeneinander auf ein Backblech legen und mit einem Tuch bedecken. Das Blech entweder 2–3 Stunden an einen sonnigen Platz stellen oder die Streifen im Backofen bei 140 °C (Mitte) ca. 1 Stunde trocknen lassen.

2 Das Öl in einer Pfanne erhitzen und nacheinander die getrockneten Zucchinischeiben darin goldbraun anbraten. Die Streifen auf einer Platte anrichten und mit etwas Salz bestreuen. Die Minze abspülen, trocken schütteln. Die Blättchen in Streifen schneiden und darüberstreuen.

3 Für das Mus den Backofen auf höchster Stufe vorheizen. Die Auberginen waschen, trocken reiben und mit einer Gabel rundherum mehrmals einstechen. Auf ein Backblech legen und im heißen Ofen (Mitte) ca. 30 Minuten backen. Herausnehmen und abkühlen lassen.

4 Den Knoblauch schälen und fein hacken. Die Auberginen halbieren und mit einem Löffel das Auberginenfleisch aus den Schalen kratzen. Auberginenfleisch mit Olivenöl, Sesampaste, Zitronensaft und Knoblauch fein pürieren. Die Petersilie abspülen, trocken schütteln und die Blättchen fein hacken. Mit Kreuzkümmel unter die Auberginencreme rühren, salzen und pfeffern. Die Auberginencreme mit Sesamsamen und rosa Pfeffer bestreut zu den Zucchinistreifen servieren. Dazu passt Fladenbrot und gut gekühlter Weißwein.

Wassermelonen-Avocado-Salat

ergibt ca. 4 Portionen • Zubereitungszeit ca. 45 Minuten

500 g Wassermelonenfruchtfleisch (ohne Kerne)
3 Frühlingszwiebeln
½ kleine Chilischote
4 Zweige Minze
3 EL Zitronensaft
Salz

1 Prise Zucker
3 EL Öl
2 Avocados
1 Knoblauchzehe
8 Scheiben Ciabatta
3 EL Olivenöl

1 Das Fruchtfleisch der Wassermelone in 2 cm große Würfel schneiden. Die Frühlingszwiebeln waschen, putzen und in dünne Ringe schneiden. Die Chilischote waschen, putzen und in sehr feine Ringe schneiden. Die Minze abspülen, trocken schütteln. Die Blättchen in feine Streifen schneiden.

2 Den Zitronensaft mit Salz, Zucker und Öl zu einem Dressing verrühren.

3 Die Avocados längs halbieren und den Stein entfernen. Das Fruchtfleisch mit einem Löffel aus den Schalen lösen und in 2 cm große Würfel schneiden. Sofort in einer Schüssel mit dem Dressing mischen. Dann Wassermelone, Frühlingszwiebel, Chili und Minze untermengen.

4 Den Knoblauch schälen und in dünne Scheiben schneiden. Ciabatta toasten und in ca. 1 cm große Würfel schneiden. Das Öl in einer Pfanne erhitzen, Knoblauch darin leicht anbraten. Die Ciabattawürfel zugeben und goldbraun rösten. Die Knoblauchcroûtons über den Salat streuen.

Mangold-Graupen-Auflauf

ergibt ca. 4 Portionen • Zubereitungszeit ca. 50 Minuten

200 g Rollgerste (Gerstengraupen)
600 ml Gemüsebrühe
2 Zwiebeln
2 Möhren
200 g Stangensellerie
500 g Mangold
6 EL Öl
Salz
Pfeffer

4 Eier
150 g Crème fraîche
frisch geriebene Muskatnuss
250 g frisch geriebener Emmentaler

außerdem
1 feuerfeste Form (ca. 3 l Inhalt)
Butter für die Form

1 Die Gerste in der Gemüsebrühe zugedeckt ca. 20 Minuten bei kleiner Hitze köcheln lassen. Dann in ein Sieb abgießen und abtropfen lassen.

2 Die Zwiebeln schälen und fein würfeln. Möhren putzen, schälen und klein würfeln. Sellerie waschen, putzen und längs halbieren, dann quer in 1 cm breite Stücke schneiden. Mangold waschen, putzen und die Stiele abschneiden. Die Mittelrippe der Blätter herausschneiden. Stiele und Blätter in ca. 1 cm breite Streifen schneiden.

3 Das Öl in einer großen Pfanne erhitzen und die Zwiebelwürfel darin glasig anbraten. Möhren, Sellerie und Mangoldstiele zugeben, 5 Minuten braten. Dann das Gemüse in eine große Schüssel füllen. Mangoldblätter und Gerste unterheben, salzen und pfeffern.

4 Den Backofen auf 180 °C (Umluft 160 °C) vorheizen. Die Form einfetten. Die Eier mit der Crème fraîche verrühren, mit Salz, Pfeffer und Muskatnuss würzen. Käse unterrühren und die Masse unter die Gemüse-Graupen-Mischung heben, in die Form füllen und im heißen Backofen (Mitte) ca. 30 Minuten goldgelb backen.

Tipp Dazu passt ein Feld- oder Friséesalat.

Lauchgemüse mit Safranrisotto 58

Auberginen-Mozzarella-Auflauf 60

Geschmortes Herbstgemüse aus dem Ofen 62

Mango-Birnen-Salat mit Roter Bete 64

Kürbisgnocchi mit Salbei 66

Kürbissuppe mit Lauch 68

Sellerieschnitzel auf Erbsencreme mit Spiegelei 70

Tofu-Spinat-Lasagne 72

Italienischer Bohnentopf 74

Gebackener Kürbis mit Apfel-Birnen-Salat 76

Kürbis auf Reis mit schwarzen Bohnen 78

Steinpilz-Süßkartoffel-Pfanne 80

Knödelsalat mit Pilzen 82

Pastinaken-Brokkoli-Suppe 84

Herbst

Lauchgemüse mit Safranrisotto

ergibt ca. 4 Portionen • Zubereitungszeit ca. 40 Minuten

4 reife Tomaten
400 g Lauch
120 g Butter
Salz, Pfeffer
1 Zwiebel
0,2 g Safranfäden
1 l Gemüsebrühe
350 g Risottoreis (z. B. Arborio)
200 ml Weißwein
60 g frisch geriebener Parmesan
½ Bund Basilikum
1 TL Tomatenmark
3 EL Olivenöl

1 Die Tomaten kreuzweise einritzen und mit kochendem Wasser überbrühen. Nach 2 Minuten kalt abschrecken und die Haut abziehen. Die Tomaten vierteln, Kerne und Stielansatz entfernen und das Tomatenfleisch grob zerkleinern.

2 Den Lauch in dünne Ringe schneiden. In einer beschichteten Pfanne 40 g Butter erhitzen und den Lauch darin ca. 2 Minuten anbraten, salzen und pfeffern. 6 EL Wasser zugeben, einen Deckel auflegen und den Lauch 4–5 Minuten nicht zu weich dünsten. Die Zwiebel fein würfeln. Die Safranfäden in 2 EL kaltem Wasser einweichen. Die Brühe erhitzen.

3 40 g Butter in einem großen Topf schmelzen und die Zwiebel darin glasig andünsten. Den Reis zugeben und unter Rühren ca. 1 Minute mitdünsten. Den Wein zugeben und unter Rühren einkochen lassen. Dann nach und nach schöpflöffelweise heiße Brühe zugießen. Bei kleiner Hitze offen weiterköcheln lassen, dabei gelegentlich umrühren. Immer erst dann weitere Brühe nachgießen, wenn der Reis die Flüssigkeit aufgenommen hat. Nach ca. 10 Minuten Garzeit den Safran unterrühren und das Risotto weitere 10 Minuten garen. Risotto soll cremig und leicht fließend sein, der Reis aber noch Biss haben.

4 Den Topf vom Herd nehmen, die übrige Butter und den Parmesan unterrühren, salzen und pfeffern. Das Basilikum waschen, trocken tupfen und die Blättchen grob zerkleinern.

5 Die Tomatenstücke mit Tomatenmark und Olivenöl mischen, salzen und pfeffern und in einer kleinen Pfanne kurz erhitzen. Die Basilikumblättchen untermischen.

6 Den Lauch auf Tellern anrichten, Risotto daraufsetzen und die Tomaten darüber verteilen. Einige Basilikumblättchen darüberstreuen und sofort servieren.

Auberginen-Mozzarella-Auflauf

ergibt ca. 4 Portionen • Zubereitungszeit ca. 1 Stunde

1,5 kg Auberginen
Salz
1 Knoblauchzehe
8 EL Olivenöl
250 g passierte Tomaten (Dose oder Tetrapack)
1 EL Tomatenmark
Salz
Pfeffer

1 TL getrocknete italienische Kräuter (z. B. Basilikum, Thymian, Oregano, Salbei, Majoran)
250 g Cocktailtomaten
300 g Mozzarella
50 g frisch geriebener Parmesan

außerdem
1 feuerfeste Auflaufform
Öl für die Form

1 Die Auberginen waschen, putzen und in ½ cm dicke Scheiben schneiden. Die Scheiben gleichmäßig mit Salz bestreuen und für mindestens 1 Stunde in ein Sieb legen (das Salz entzieht den Auberginen Wasser). Die Scheiben dann unter fließendem Wasser abspülen und trocken tupfen.

2 Den Knoblauch schälen und in feine Scheiben schneiden. 2 EL Öl in einem Topf erhitzen und den Knoblauch darin kurz anbraten (nicht bräunen). Die passierten Tomaten und das Tomatenmark zugeben. Die Sauce um etwa ein Drittel einkochen lassen, mit Salz und Pfeffer abschmecken und die Kräuter einrühren.

3 Den Backofen auf 180 °C (Umluft 160 °C) vorheizen. Die Form einfetten. Die Cocktailtomaten waschen und halbieren. Den Mozzarella abtropfen lassen und in 1 cm dicke Scheiben schneiden.

4 Die Auberginen in einer großen beschichteten Pfanne portionsweise in je ca. 2 EL Öl bei starker Hitze von beiden Seiten goldbraun braten. Herausnehmen und auf Küchenpapier abtropfen lassen. Die Auberginenscheiben abwechselnd mit Mozzarella und Tomatensauce in die Form schichten, dabei mit einer Lage Auberginen abschließen. Die halbierten Tomaten darauf verteilen und den Parmesan darüberstreuen. Den Auflauf im heißen Ofen (Mitte) ca. 30 Minuten backen. Wenn die Oberfläche zu braun wird, nach 20 Minuten mit Alufolie abdecken.

Geschmortes Herbstgemüse aus dem Ofen

ergibt ca. 4 Portionen • Zubereitungszeit ca. 50 Minuten

4 EL Weißweinessig
1/2 TL Kümmelsamen
1/2 TL Koriandersamen
Salz
schwarzer Pfeffer aus der Mühle
50 g brauner Zucker
6 EL Olivenöl
400 g Rote Bete

50 g kleine junge Rote-Bete-Blättchen
400 g Kartoffel
500 g Möhren

außerdem
1 große feuerfeste Form
Fett für die Form

1 Den Essig mit den Gewürzen, Salz, Zucker und 4 EL Wasser verrühren. Das Öl darunterschlagen.

2 Den Backofen auf 180 °C (Umluft 160 °C) vorheizen. Die Form einfetten. Rote Bete, Möhren und Kartoffeln schälen und je nach Größe in Spalten schneiden oder halbieren. Das Gemüse in die Form füllen, die Marinade über das Gemüse träufeln und im heißen Ofen (Mitte) ca. 40 Minuten garen. Nach 20 Minuten das Gemüse einmal wenden. Das Gemüse ist gar, wenn es sich leicht einstechen lässt.

3 Die Rote-Bete-Blättchen abspülen und trocken tupfen. Die Form aus dem Ofen nehmen und die Blättchen unterheben.

Mango-Birnen-Salat mit Roter Bete

ergibt ca. 4 Portionen • Zubereitungszeit ca. 45 Minuten

600 g gekochte Rote Bete (vorgegart, vakuumverpackt)
1 Mango
1 rote Zwiebel
2 Birnen
4 EL Zitronensaft
1 Prise Zucker
Salz
Pfeffer
1 kleines Stück Ingwer (ca. 1 cm)
4 EL Sonnenblumenöl
4 EL Cashewkerne
6 Zweige Koriander

1 Die Rote Bete in dünne Scheiben schneiden und fächerartig auf 4 Tellern oder einer Platte verteilen.

2 Die Mango schälen, das Fruchtfleisch vom Stein schneiden und würfeln. Die Zwiebel schälen und in feine Ringe schneiden. Die Birnen schälen, halbieren, Kerngehäuse entfernen und die Hälften würfeln. Alles mit Zitronensaft mischen und mit Zucker, Salz und Pfeffer würzen. Auf den Rote-Bete-Scheiben verteilen.

3 Den Ingwer schälen und fein hacken. Das Öl in einer kleinen Pfanne erhitzen, die Cashewkerne darin hellbraun anrösten, die Pfanne vom Herd nehmen und den Ingwer unterrühren. Koriander waschen, trocken schütteln und die Blättchen grob hacken. Nuss-Ingwer-Mischung und Koriander über den Mango-Birnen-Salat geben, das Bratöl darüberträufeln.

Tipp Sie können Rote-Bete-Knollen natürlich auch selbst kochen. Dafür schneiden Sie das Laub etwa 3 cm über der Knolle ab, reinigen sie mit einer Bürste, und kochen sie wie Pellkartoffeln, je nach Größe etwa eine halbe Stunde, gießen dann ab und lassen sie auskühlen. Erst dann schälen und in Scheiben schneiden.

Kürbisgnocchi mit Salbei

ergibt ca. 4 Portionen • Zubereitungszeit ca. 2 Stunden

für die Gnocchi
600 g Muskatkürbis
300 g Kartoffeln
250–300 g Mehl
1 Ei
1 EL Butter
Salz, Pfeffer
frisch geriebene Muskatnuss

für das Gemüse
3 Möhren
200 g Knollensellerie
½ Stange Lauch
1 Bund Salbei
6 EL Olivenöl
60 g Pinienkerne
2 EL Butter
100 g frisch geriebener Parmesan

1 Den Backofen auf 180 °C (Umluft 160 °C) vorheizen. Die Form einfetten. Den Kürbis schälen, Kerne und Fasern entfernen. 500 g Kürbisfleisch in kleine Stücke schneiden und in einer Auflaufform verteilen, salzen. Den Kürbis im heißen Ofen (Mitte) ca. 50–60 Minuten garen. Die Kartoffeln schälen und in kochendem Salzwasser ca. 20 Minuten weich garen.

2 Möhren, Sellerie und Lauch putzen, schälen und fein würfeln. Kartoffeln abgießen und auf dem Herd noch kurz ausdämpfen lassen, durch die Kartoffelpresse drücken. Den gegarten Kürbis ebenfalls durch die Presse zu den Kartoffeln drücken. Mehl, Ei und Butter unterrühren. Mit Salz, Pfeffer und Muskatnuss würzen und zu einem glatten Teig verarbeiten. Bei Bedarf noch etwas Mehl unterkneten. Den Backofen auf 100 °C (Umluft 80 C°) herunterdrehen.

3 Reichlich Salzwasser aufkochen. Den Gnocchiteig auf einer bemehlten Arbeitsfläche zu daumendicken Rollen formen. Die Rollen in ca. 2 cm große Stücke schneiden, zu Gnocchi formen und mit einer Gabel einkerben. Die Gnocchi portionsweise im siedenden Salzwasser garen, das Wasser darf nicht kochen. An der Oberfläche schwimmende Gnocchi mit der Schaumkelle herausheben, abtropfen lassen, im Ofen warm halten.

4 Olivenöl in einer Pfanne erhitzen, Pinienkerne und Salbeiblättchen darin anrösten, bis die Kerne hellbraun werden, aus der Pfanne nehmen. Die restliche Butter in die Pfanne geben und das gewürfelte Gemüse darin bei mittlerer Hitze bissfest braten. Die Gnocchi dazumischen, salzen, pfeffern und mit Pinienkernen, Salbei und Parmesan servieren.

Kürbissuppe mit Lauch

ergibt ca. 4 Portionen • Zubereitungszeit ca. 45 Minuten

1 Zwiebel
800 g Muskatkürbis (geschält und entkernt)
250 g Kartoffeln
5 EL Öl
2–3 TL Curry
1 l Gemüsebrühe
2 EL Tomatenmark

250 g Lauch
4 EL Kürbiskerne
40 g Butter
60 g Toastbrot
Salz
Cayennepfeffer
frisch geriebene Muskatnuss
4 EL Kürbiskernöl

1 Die Zwiebel schälen, halbieren und in dünne Scheiben schneiden. Das Kürbisfleisch in ca. 3 cm große Würfel schneiden. Kartoffeln schälen und ebenfalls in 3 cm große Würfel schneiden.

2 3 EL Öl in einem Topf erhitzen und die Zwiebel darin glasig braten. Curry einstreuen und unter Rühren kurz anrösten. Die Gemüsebrühe zugießen und das Tomatenmark einrühren, Kartoffeln und Kürbis zugeben, zum Kochen bringen und zugedeckt ca. 20 Minuten leise köcheln lassen.

3 Den Lauch waschen und in dünne Ringe schneiden. Die Kürbiskerne in einer Pfanne ohne Fett anrösten, bis sie glänzen und würzig duften. Herausnehmen und abkühlen lassen. Die Butter in der Pfanne erhitzen und den Lauch darin ca. 5 Minuten bei mittlerer Hitze dünsten, ohne ihn zu bräunen.

4 Das Toastbrot in ca. 1 cm große Würfel schneiden. Übriges Öl in einer Pfanne erhitzen und die Brotwürfel darin knusprig braten. Die Suppe fein pürieren und mit Salz, Cayennepfeffer und etwas Muskatnuss abschmecken. Die Suppe in Teller schöpfen. Jeweils 1 EL Lauch, Kürbiskerne und Kürbiskernöl auf die Suppe geben und die Brotwürfel darüberstreuen.

Sellerieschnitzel auf Erbsencreme mit Spiegelei

ergibt ca. 4 Portionen • Zubereitungszeit ca. 1 Stunde

500 ml Gemüsebrühe
800 g Knollensellerie
1 Zwiebel
1 EL Öl
50 ml Weißwein
400 g TK-Erbsen (aufgetaut)
15 g Crème fraîche
Salz
Pfeffer
1 Prise Zucker
6 Eier
100 g Mehl
150 g Semmelbrösel
200 g Butterschmalz
30 g Butter
½ Bund Kerbel

1 Die Gemüsebrühe in einem Topf zum Kochen bringen. Sellerie schälen und in 1,5 cm dicke Scheiben schneiden. Die Scheiben ca. 10 Minuten in der Gemüsebrühe garen. Herausnehmen und gut abtropfen lassen. Von der Brühe 300 ml abnehmen.

2 Die Zwiebel schälen und fein würfeln. Das Öl in einem Topf erhitzen und die Zwiebel darin glasig anbraten. Den Wein zugeben und um die Hälfte einkochen lassen. Die Selleriebrühe zugießen und aufkochen. Die Erbsen zugeben und ca. 2–3 Minuten darin garen. Crème fraîche einrühren, dann die Sauce fein pürieren, mit Salz, Pfeffer und Zucker abschmecken.

3 2 Eier in einem tiefen Teller verquirlen und mit 1 kräftigen Prise Salz würzen. Mehl und Semmelbrösel in zwei weitere tiefe Teller streuen. Die abgetropften Selleriescheiben im Mehl wenden, überschüssiges Mehl abschütteln. Dann durch die verquirlten Eier ziehen, zum Schluss in den Semmelbröseln wenden. Die Panade leicht andrücken.

4 In einer Pfanne das Butterschmalz erhitzen und nacheinander die Selleriescheiben darin auf beiden Seiten goldbraun backen, dabei nur einmal wenden. Die Schnitzel auf Küchenpapier abtropfen lassen. Die Butter in einer zweiten Pfanne zerlassen. Die übrigen Eier hineinschlagen und bei mittlerer Hitze zu 4 Spiegeleiern braten. Den Kerbel abbrausen und trocken tupfen. Die Blättchen grob hacken, unter die Erbsencreme rühren und auf Tellern verteilen. Sellerieschnitzel und Spiegeleier darauf anrichten.

Tipp Rühren Sie 1 TL Currypulver unter die Erbsencreme.

Tofu-Spinat-Lasagne

ergibt ca. 4 Portionen • Zubereitungszeit ca. 30 Minuten

2 Zwiebeln
einige Zweige italienische Kräuter (z.B. Rosmarin, Thymian, Salbei, Oregano)
4 EL Olivenöl
1 Dose geschälte Tomaten (400 g)
3 EL Tomatenmark
Salz
Pfeffer
500 g frischer Spinat

frisch geriebene Muskatnuss
600 g Tofu
100 g Edelpilzkäse (z. B. Roquefort)
200 g frisch geriebener Emmentaler

außerdem
1 Auflaufform
Fett für die Form

1 Die Zwiebeln schälen und klein würfeln. Die Kräuter abspülen, trocken tupfen und die Blättchen grob hacken.

2 Das Öl in einem Topf erhitzen und die Zwiebeln darin glasig andünsten. Die Tomaten mit dem Saft zugeben, im Topf grob zerdrücken und die Sauce etwas einkochen lassen. Dann Tomatenmark und Kräuter einrühren, salzen und pfeffern.

3 Den Backofen auf 200 °C (Umluft 180 °C) vorheizen. Die Form einfetten. Den Spinat von harten Stielen befreien, waschen und kurz in kochendem Wasser blanchieren, durch ein Sieb abgießen, sofort mit kaltem Wasser abschrecken und mit den Händen gut ausdrücken. Mit Salz, Pfeffer und Muskatnuss würzen.

4 Den Tofu abtropfen lassen und in sehr dünne Scheiben schneiden. Den Edelpilzkäse grob zerbröckeln.

5 Ein Drittel der Tomatensauce in der Form verteilen. Tofu, Spinat und Käse lagenweise in die Form schichten. Ein weiteres Drittel Tomatensauce darauf geben und nacheinander übrigen Tofu, Spinat und Käse einschichten, mit Tomatensauce und Emmentaler abschließen. Die Lasagne im heißen Ofen (Mitte) ca. 30–35 Minuten goldbraun backen.

Tipp Statt Tofu können Sie auch Lasagne-Teigplatten verwenden.

Italienischer Bohnentopf

ergibt ca. 6 Portionen • Zubereitungszeit ca. 45 Minuten

1 Zwiebel
3 Möhren
1 Fenchelknolle
500 g Weißkohl
6 EL Olivenöl
1 l Gemüsebrühe
250 ml passierte Tomaten (Dose oder Tetrapack)
Salz

4 Tomaten
100 g Suppennudeln (z. B. Hörnchen)
2 Knoblauchzehen
1 Bund Petersilie
1 Dose weiße Bohnen (z. B. Cannellini; Abtropfgewicht ca. 240 g)
1 Zweig Rosmarin
3 EL Tomatenmark
Chiliflocken oder Cayennepfeffer

1 Zwiebel, Möhren und Fenchel putzen und würfeln, Fenchelgrün beiseitelegen. Den Weißkohl vierteln. Den Strunk entfernen und die Viertel in ca. 1 cm große Würfel schneiden.

2 3 EL Öl in einem großen Topf erhitzen, die Zwiebel darin glasig braten. Fenchel und Weißkohl zugeben, kurz mitbraten. Möhrenwürfel, Gemüsebrühe und passierte Tomaten zugeben, bei kleiner Hitze ca. 30 Minuten leise köcheln lassen.

3 In einem großen Topf reichlich Salzwasser kochen. Die Tomaten kreuzweise einritzen und 1 Minute ins Wasser geben. Herausheben, abschrecken und häuten. Die Nudeln im Salzwasser nach Packungsanleitung bissfest garen, abgießen und abtropfen lassen.

4 Den Knoblauch fein hacken. 1 Prise Salz dazugeben und mit einem Messerrücken fein zerreiben. Die Tomaten grob würfeln. Die Petersilie hacken. Die Bohnen in ein Sieb abgießen, abbrausen und abtropfen lassen. Rosmarin mit den Bohnen in die Suppe geben. Das Tomatenmark einrühren. Nudeln zugeben, die Suppe kurz aufkochen, dann vom Herd nehmen.

5 Tomatenwürfel, Petersilie und Knoblauch zugeben. Mit Salz und Chiliflocken würzen. Übriges Olivenöl auf die Suppe träufeln und mit Fenchelgrün servieren.

Gebackener Kürbis mit Apfel-Birnen-Salat

ergibt ca. 4 Portionen • Zubereitungszeit ca. 40 Minuten

1 kleiner Hokkaidokürbis (ca. 1 kg)
3 EL Öl
grobes Meersalz
Pfeffer aus der Mühle
1 roter Apfel

1 Birne (z. B. Williams Christ)
4 EL Zitronensaft
1 rote Zwiebel
je 2 Zweige Petersilie und Zitronenmelisse
4 EL Apfelsaft

1 Den Backofen auf 200 °C (Umluft 180 °C) vorheizen. Ein Backblech mit Backpapier auslegen. Den Kürbis waschen, halbieren, entkernen und ungeschält in 10–12 Spalten schneiden. Die Spalten mit etwas Öl bepinseln, salzen, pfeffern und auf das Backblech geben. Im heißen Ofen (Mitte) ca. 25–30 Minuten backen.

2 Inzwischen Apfel und Birne waschen, vierteln, Kerngehäuse entfernen und die Spalten quer in 1 cm breite Stücke schneiden. Die Stücke mit Zitronensaft beträufeln.

3 Die Zwiebel schälen und klein würfeln. Die Kräuter abspülen, trocken tupfen. Die Blättchen von den Stielen zupfen und grob hacken, mit der Zwiebel unter die Obststückchen mischen. Den Apfelsaft und übriges Öl zugeben, gut mischen und salzen. Den Salat zu den Kürbisspalten servieren.

Tipp Erst vor rund 20 Jahren kam der Hokkaido-Kürbis nach Europa und wird seither mit wachsender Beliebtheit bei uns verzehrt. Bei dieser Kürbiszüchtung kann die Schale, in der sich viele Vitamine befinden, mitverzehrt werden.

Kürbis auf Reis mit schwarzen Bohnen

ergibt ca. 4 Portionen • Zubereitungszeit ca. 1 Stunde • Einweichzeit 8 Stunden

300 g getrocknete schwarze Bohnen
1 Zwiebel
1 rote Paprikaschote
1 Knoblauchzehe
1 kleiner Hokkaidokürbis (ca. 1 kg)
3 EL Öl
150 g Reis
1 Lorbeerblatt

½ TL Kreuzkümmel
2 Zweige Bohnenkraut
Instant-Gemüsebrühe für 1 l
50 g Kürbiskerne
8 EL Kürbiskernöl
Salz
Pfeffer

1 Die Bohnen in einer Schüssel mit reichlich Wasser bedecken und 8 Stunden (am besten über Nacht) einweichen. In der Einweichflüssigkeit bei schwacher Hitze 1 ½ Stunden kochen.

2 Zwiebel schälen und klein würfeln. Paprika waschen, vierteln, putzen und klein würfeln. Knoblauch schälen und in dünne Scheiben schneiden.

3 Den Backofen auf 180 °C (Umluft 160 °C) vorheizen. Ein Backblech mit Backpapier auslegen. Den Kürbis waschen, halbieren, entkernen (Kerne aufheben) und ungeschält in 8 Spalten schneiden. Die Spalten auf das Backblech legen und im heißen Ofen (oben) ca. 40 Minuten backen.

4 Inzwischen das Öl in einem ofenfesten Topf erhitzen und die Zwiebel darin glasig andünsten. Knoblauch und Reis dazugeben, kurz mitbraten. Die Bohnen und so viel von der Kochflüssigkeit zugeben, dass alles gut bedeckt ist. Lorbeerblatt, Kreuzkümmel, Bohnenkraut, Instant-Brühpulver und Paprikawürfel zugeben und den Topf zugedeckt in den heißen Backofen (untere Schiene) stellen, ca. 30 Minuten mit den Kürbisspalten garen.

5 Die Kürbiskerne in einer trockenen Pfanne ohne Fett anrösten. Den Bohnenreis salzen und pfeffern und mit den Kürbisspalten servieren. Kürbiskerne und Kürbiskernöl darüberverteilen.

Steinpilz-Süßkartoffel-Pfanne

ergibt ca. 4 Portionen • Zubereitungszeit ca. 30 Minuten

600 g Süßkartoffeln
500 g Steinpilze
2 Knoblauchzehen
½ Bund Petersilie

4 EL Butterschmalz
Salz
Pfeffer
2 TL getrockneter Oregano

1 Die Süßkartoffeln schälen und in 1 cm dicke Scheiben schneiden. Die Steinpilze putzen und ebenfalls in 1 cm dicke Scheiben schneiden. Den Knoblauch schälen und in dünne Scheiben schneiden. Die Petersilie abspülen, trocken schütteln und die Blättchen grob hacken.

2 Die Süßkartoffelscheiben in kochendem Wasser ca. 5 Minuten garen. Herausnehmen und in einem Sieb abtropfen lassen.

3 2 EL Butterschmalz in einer Pfanne schmelzen und die Süßkartoffelscheiben darin unter Wenden goldbraun anbraten. Die Scheiben salzen und pfeffern, aus der Pfanne nehmen und warm stellen.

4 Das übrige Butterschmalz in der heißen Pfanne schmelzen und die Steinpilzscheiben darin unter Rühren 5 Minuten anbraten, salzen und pfeffern. Knoblauch und Süßkartoffeln untermischen, weitere 2 Minuten braten. Mit Petersilie und Oregano bestreut servieren.

Tipp Schon ab Mai werden Steinpilze in deutschen Wäldern gefunden – es ist der Sommer-Steinpilz, der sich schon so früh zeigt. Im August kommt dann auch der Gemeine Steinpilz dazu. Alle Steinpilzarten stehen in Deutschland unter Naturschutz und dürfen nur in kleinen Mengen für den eigenen Bedarf gesammelt werden.

Knödelsalat mit Pilzen

ergibt ca. 4 Portionen • Zubereitungszeit ca. 1 Stunde

für die Knödel
6–8 Brötchen vom Vortag (ca. 300 g)
250 ml Milch
1 Bund Petersilie
1 Zwiebel
30 g Butter
3 Eier
Salz, Pfeffer
frisch geriebene Muskatnuss
1 TL abgeriebene Bio-Zitronenschale

für die Pilze
4 Zweige Thymian
600 g gemischte Pilze
4 EL Öl
Salz, Pfeffer
8 EL Weißweinessig
2 TL Dijonsenf
1 TL Zucker
8 EL Olivenöl
2 rote Zwiebeln
1 Bund Schnittlauch

1 Die Brötchen in dünne Scheiben schneiden. Die Milch erhitzen und über die Brötchenscheiben gießen. Die Petersilie fein hacken. Die Zwiebel fein würfeln. Reichlich Salzwasser in einem großen Topf zum Sieden bringen.

2 Die Butter in einer Pfanne erhitzen und die Zwiebel darin glasig andünsten. Die Eier verquirlen und mit Petersilie und Zwiebel unter die Brötchenmasse mengen. Mit Salz, Pfeffer, Muskat und Zitronenschale würzen.

3 Mit angefeuchteten Händen kleine Knödel formen und im siedenden Salzwasser ca. 20 Minuten ziehen lassen, das Wasser darf nicht kochen. Herausheben, gut abtropfen und etwas abkühlen lassen. Die Knödel in ca. 1 cm dicke Scheiben schneiden und diese fächerartig auf einer großen Platte verteilen.

4 Die Pilze putzen und in Stücke schneiden. Das Öl in einer großen Pfanne erhitzen, die Pilze darin scharf anbraten, salzen und pfeffern. Thymianzweige zugeben, die Hitze etwas reduzieren und die Pilze zugedeckt ca. 10–12 Minuten garen. Die Pilze mit dem ausgetretenen Saft über den Knödelscheiben verteilen.

5 Essig mit Senf und Zucker verrühren, Olivenöl unterschlagen, salzen und pfeffern. Die Zwiebeln in dünne Ringe schneiden und mit dem Schnittlauch über den Pilzen verteilen und das Dressing darüberträufeln.

Pastinaken-Brokkoli-Suppe

ergibt ca. 4 Portionen • Zubereitungszeit ca. 1 Stunde

1 Zwiebel
300 g Pastinaken
300 g Brokkoli
1 Knoblauchzehe
200 g Kartoffeln
3 EL Öl
2 TL Curry

1 l Gemüsebrühe
1 EL Tomatenmark
Salz
schwarzer Pfeffer aus der Mühle
200 g Pumpernickel
60 g Butter

1 Die Zwiebel schälen und fein würfeln. Die Pastinaken putzen, schälen und in 1 cm große Würfel schneiden. Brokkoli waschen, putzen und in Röschen teilen. Die Stiele schälen und in 1 cm große Würfel schneiden. Knoblauch schälen und in Scheiben schneiden. Kartoffeln schälen und in 2 cm große Würfel schneiden.

2 Das Öl in einem Topf erhitzen und die Zwiebel darin glasig braten. Pastinaken und Brokkolistiele zugeben, ca. 3 Minuten unter Rühren bei mittlerer Hitze braten. Knoblauch und Curry zugeben, kurz mitbraten. Die Gemüsebrühe zugießen, Tomatenmark einrühren und die Kartoffeln zugeben, zugedeckt ca. 30 Minuten köcheln lassen. Dann die Suppe mit dem Stabmixer fein pürieren, mit Salz und Pfeffer aus der Mühle abschmecken.

3 Die Brokkoliröschen in kochendem Salzwasser ca. 3 Minuten nicht zu weich garen, abgießen und gut abtropfen lassen. Die Pumpernickelscheiben in ca. 1 cm große Stücke brechen. Die Butter in einer kleinen Pfanne erhitzen und den Pumpernickel darin kurz anrösten.

4 Die Suppe mit Brokkoli und Pumpernickel auf Teller verteilen, das Bratfett darüberträufeln.

Tobinambur mit Frischkäse und Senffrüchten 88

Wirsing in Meerrettich-Senfsauce mit gebratenen Äpfeln 90

Gefüllte Paprikaschoten auf Szegediner Kraut 92

Saure Linsen mit Rahmküchlein 94

Dillkartoffeln mit Ei 96

Karamellisierte Schalotten mit Gemüsepolenta 98

Fenchel-Orangen-Salat mit Hüttenkäse 100

Maronen-Rosenkohl-Pfanne 102

Gebackener Rotkohl mit Quitte und Walnüssen 104

Winter

Tobinambur mit Frischkäse und Senffrüchten

ergibt ca. 4 Portionen • Zubereitungszeit ca. 30 Minuten

800 g Topinambur
4 EL Sonnenblumenöl
Salz
Pfeffer

250 g Doppelrahmfrischkäse (z. B. Brillat Savarin, siehe Tipp)
250 g Senffrüchte (aus dem Glas, siehe Tipp)
60 g Pistazienkerne

1 Topinambur waschen, schälen und in ½ cm dicke Scheiben schneiden.

2 Das Öl in einer Pfanne erhitzen und die Topinamburscheiben ca. 6 Minuten bei mittlerer Hitze darin anbraten, salzen und pfeffern.

3 Den Frischkäse in Scheiben schneiden. Die Senffrüchte aus dem Sirup nehmen, abtropfen lassen. Topinambur, Frischkäse und Senffrüchte auf Tellern verteilen und mit je 1 EL Sirup der Senffrüchte beträufeln. Die Pistazien grob hacken und darüberstreuen.

Tipp Brillat Savarin ist ein fester französischer Frischkäse aus Kuhmilch mit einem Fettgehalt i. Tr. von 75 %. Ersatzweise können Sie normalen Doppelrahmfrischkäse verwenden.
Senffrüchte, eine italienische, süß-scharfe Spezialität, sind Früchte in einer Mischung aus Läuterzucker und Senföl. Die italienische Bezeichnung ist Mostarda di frutta. Verwendet werden zum Beispiel Apfelsinen, Trauben, Birnen, Pfirsiche, Kirschen, Mandarinen und Aprikosen.

Wirsing in Meerrettich-Senfsauce mit gebratenen Äpfeln

ergibt ca. 4 Portionen • Zubereitungszeit ca. 40 Minuten

1 kleiner Wirsing (ca. 700 g)
1 Zwiebel
4 EL Butter
1 schwach gehäufter EL Mehl
250 ml Gemüsebrühe
200 g Sahne
Salz

2 Äpfel
1 EL Senf
frisch geriebene Muskatnuss
frisch geriebener Meerrettich
    (nach Geschmack)
4 EL Schnittlauchröllchen

1 Vom Wirsing die äußeren Blätter entfernen, den Kohl vierteln, den Strunk entfernen und die Blätter gründlich waschen. Wirsing in breite Streifen schneiden. Die Zwiebel schälen und fein würfeln.

2 2 EL Butter in einem Topf erhitzen und die Zwiebel darin glasig braten. Das Mehl darüberstäuben und unter Rühren hellgelb rösten. Die Brühe und die Sahne langsam zugießen, dabei ständig rühren, bis die Sauce glatt ist.

3 In einem großen Topf reichlich Wasser zum Kochen bringen und den Wirsing darin 5 Minuten blanchieren. In ein Sieb abgießen und gut abtropfen lassen. Unter die Sauce mischen und in ca. 10 Minuten bei kleiner Hitze nicht zu weich garen.

4 Inzwischen die Äpfel waschen, vierteln und das Kerngehäuse entfernen. Die Viertel in ca. 1 cm breite Spalten schneiden. Die übrige Butter in einer beschichteten Pfanne erhitzen und die Apfelstücke darin braten.

5 Den Senf unter das Wirsinggemüse rühren, mit Salz und Muskatnuss abschmecken. Das Gemüse auf Tellern verteilen und die gebratenen Apfelstücke darauf anrichten. Mit geriebenem Meerrettich und Schnittlauchröllchen bestreut servieren. Dazu passen Salzkartoffeln.

Gefüllte Paprikaschoten auf Szegediner Kraut

ergibt ca. 4 Portionen • Zubereitungszeit ca. 45 Minuten

2 Zwiebeln
3 EL Öl
1 kg Sauerkraut
250 ml Gemüsebrühe
1 kg vorwiegend festkochende Kartoffeln
Salz
½ TL Kümmelsamen
3 Zweige Thymian
2 EL Tomatenmark
1 TL Zucker
2 EL edelsüßes Paprikapulver

1 Lorbeerblatt
400 g mit Frischkäse gefüllte Paprikaschoten (Fertigprodukt im Glas oder aus türkischer oder griechischer Kühltheke)
2 EL Butter
150 g Crème fraîche

außerdem
1 feuerfeste Form
Fett für die Form

1 Die Zwiebeln schälen, halbieren und in dünne Scheiben schneiden. Das Öl in einem Topf erhitzen und die Zwiebeln darin glasig braten. Sauerkraut und Gemüsebrühe zugeben, zugedeckt ca. 20 Minuten bei kleiner Hitze köcheln lassen.

2 Die Kartoffeln schälen, halbieren, mit wenig Wasser und etwas Salz in einen Topf geben und zum Kochen bringen, zugedeckt ca. 20 Minuten garen.

3 Kümmel fein hacken. Thymian abspülen, trocken tupfen und mit Tomatenmark, Zucker und den Gewürzen zum Sauerkraut geben, weitere 10 Minuten leise köcheln lassen. Den Backofen auf 100 °C (Umluft 80 °C) vorheizen. Die Form einfetten. Die gefüllten Paprikaschoten nebeneinander in die Form setzen und im heißen Ofen (Mitte) ca. 10 Minuten erwärmen.

4 Die Kartoffeln abgießen. Die Butter in einer beschichteten Pfanne erhitzen und die Kartoffeln darin kurz anbraten, mit Salz würzen. Das Sauerkraut salzen und mit den Kartoffeln auf Tellern anrichten. Die gefüllten Schoten auf dem Kraut verteilen, Crème fraîche glattrühren und darübergeben.

Tipp Wenn Sie Ihr Kraut sämiger mögen, dann binden Sie es, indem Sie 2 TL Stärkemehl mit wenig Wasser anrühren und das kochende Kraut damit andicken.

Saure Linsen mit Rahmküchlein

ergibt ca. 4 Portionen • Zubereitungszeit ca. 50 Minuten • Einweichzeit 2 Stunden

für die Linsen
300 g Berglinsen
1 Zwiebel
1 Möhre
100 g Knollensellerie
½ Stange Lauch
2 EL Butter
500 ml Gemüsebrühe

Salz, Pfeffer
1 EL scharfer Senf
1 TL Zucker
2 EL Aceto balsamico
2 EL gehackte Petersilie

für die Küchlein
4 Eier
150 g saure Sahne
½ TL abgeriebene Bio-Zitronenschale
Salz
Zucker
100 g Mehl
2 EL Butter

1 Die Linsen in einer Schüssel mit warmem Wasser bedecken und mindestens 2 Stunden quellen lassen. Dann in ein Sieb abgießen und abtropfen lassen.

2 Die Zwiebel schälen, fein würfeln. Möhre und Sellerie putzen und schälen, den Lauch putzen und waschen. Das Gemüse in ca. 1 cm große Würfel schneiden. Die Butter in einem Topf erhitzen und die Zwiebel darin glasig dünsten. Möhre, Sellerie und Lauch zugeben, 2–3 Minuten mitbraten. Die Linsen zum Gemüse geben. Die Brühe zugießen, salzen und pfeffern. Das Linsengemüse bei kleiner Hitze knapp unter dem Siedepunkt ca. 30–40 Minuten garen.

3 Inzwischen für die Küchlein die Eier trennen. Die Eigelbe in einer großen Schüssel mit saurer Sahne und Zitronenschale verrühren. Die Eiweiße mit 1 Prise Salz und 1 TL Zucker dickschaumig schlagen. Den Eischnee auf die Eigelbcreme geben und das Mehl darübersieben, mit einem Schneebesen alles vorsichtig vermengen.

4 Die Butter in einer beschichteten Pfanne nicht zu stark erhitzen. Den Teig esslöffelweise hineingeben und jede Seite jeweils 2–3 Minuten backen.

5 Das Linsengemüse mit Senf, Zucker und Balsamico verrühren und mit den warmen Küchlein servieren, die Petersilie darüberstreuen.

Tipp Wenn Sie das Linsengemüse sämiger haben wollen, nehmen Sie einen Teil davon aus dem Topf, mixen es mit dem Stabmixer auf und rühren es dann wieder unter.

Dillkartoffeln mit Ei

ergibt ca. 4 Portionen • Zubereitungszeit ca. 30 Minuten

750 g vorwiegend festkochende Kartoffeln
Salz
1 TL Kümmelsamen
2 Zwiebeln
2 EL Butter
2 schwach gehäufte EL Mehl
500 ml Gemüsebrühe
1 Lorbeerblatt
1 Nelke
1 Bund Dill
2–3 EL Weißweinessig
150 g Crème fraîche
Salz
Pfeffer
Zucker
frisch geriebene Muskatnuss
8 Eier
1 kleines Glas Essiggurken

1 Die Kartoffeln waschen und abbürsten. Mit Schale in einen Topf geben und mit wenig Wasser zum Kochen bringen, etwas Salz und Kümmel zugeben. Die Kartoffeln 20–25 Minuten garen. Dann abgießen, kalt abschrecken, pellen und würfeln.

2 Die Zwiebeln schälen, grob würfeln und in der Butter glasig braten. Das Mehl darüberstäuben und unter Rühren hellgelb anrösten. Die Brühe langsam zugießen und dabei ständig rühren, bis eine glatte Sauce entstanden ist. Lorbeerblatt und Nelke zugeben und die Sauce bei schwacher Hitze 5 Minuten köcheln lassen.

3 Den Dill abbrausen, trocken schütteln und die Spitzen fein hacken. Mit Essig und Crème fraîche unter die Sauce rühren. Die Kartoffelwürfel zugeben und mit Salz, Pfeffer, Zucker und Muskatnuss fein abschmecken. Lorbeerblatt und Nelke herausnehmen.

4 Die Eier in ca. 8 Minuten wachsweich kochen. Kalt abschrecken, pellen und vierteln, mit den Dillkartoffeln servieren. Die Essiggurken abtropfen lassen und als Beilage reichen.

Tipp Dazu schmeckt Blattsalat und ein Glas Bier.

Karamellisierte Schalotten mit Gemüsepolenta

ergibt ca. 4 Portionen • Zubereitungszeit ca. 1 Stunde

400 g kleine Schalotten
3 EL Olivenöl
3 EL Zucker
6 EL Aceto balsamico
250 ml Rotwein
3 Zweige Thymian
Salz
Pfeffer

100 g Möhren
100 g Knollensellerie
100 g Lauch
1 kleine Chilischote
2 EL Butter
150 g Maisgrieß (Polenta)
60 g frisch geriebener Parmesan

1 Die Schalotten schälen. Das Öl in einem Topf erhitzen und die Schalotten mit 2 EL heißem Wasser zugeben, den Zucker darüberstreuen. Die Schalotten unter Rühren bei mittlerer Hitze goldgelb karamellisieren. Mit Balsamico und Rotwein ablöschen, zugedeckt bei kleiner Hitze ca. 30 Minuten weich garen. Den Thymian abspülen, trocken tupfen und kurz vor Ende der Garzeit zugeben. Salzen und pfeffern.

2 Möhren und Sellerie putzen und schälen. Den Lauch längs vierteln, abspülen. Das Gemüse in 1 cm große Stücke schneiden. Die Chilischote waschen, putzen und in feine Ringe schneiden.

3 Die Butter in einem Topf erhitzen, das Gemüse darin 2–3 Minuten anbraten. Die Gemüsebrühe zugießen, aufkochen und den Grieß unter ständigem Rühren einrieseln lassen. Bei kleiner Hitze 5 Minuten quellen lassen, dabei gelegentlich umrühren. Den Parmesan unterrühren.

4 Den Backofen auf 100 °C (Umluft 80 °C) vorheizen. Ein Backblech einfetten. Die Polenta auf das Blech ca. 2 cm dick aufstreichen. Im heißen Ofen (Mitte) ca. 10 Minuten goldbraun backen. Herausnehmen, die Polenta in Stücke schneiden oder halbmondförmig ausstechen und zu den Schalotten servieren.

Fenchel-Orangen-Salat mit Hüttenkäse

ergibt ca. 4 Portionen • Zubereitungszeit ca. 40 Minuten

2 Orangen
2 Fenchelknollen (ca. 400 g)
1 rote Zwiebel
4 Zweige Minze
400 g Hüttenkäse
Salz

Pfeffer
½ TL Puderzucker
2 EL Zitronensaft
1 TL Dijonsenf
8 EL Olivenöl
20 schwarze Oliven

1 Von den Orangen an Blüten- und Stielansatz jeweils einen Deckel abschneiden. Die Schale mit einem scharfen Messer abschneiden, dabei auch die weiße Haut entfernen. Die Fruchtfilets zwischen den Trennhäuten herausschneiden, den dabei austretenden Saft auffangen.

2 Den Fenchel waschen und putzen, das Fenchelgrün zum Garnieren beiseitelegen. Die Knollen längs halbieren, den Strunk herausschneiden und die Hälften quer in hauchdünne Scheiben schneiden. Die Zwiebel schälen und in feine Ringe schneiden.

3 Die Minze abspülen, trocken tupfen und die Blättchen in dünne Streifen schneiden. Zum Hüttenkäse geben und gut verrühren, mit Salz und Pfeffer abschmecken.

4 5 EL Orangensaft mit Puderzucker, Zitronensaft, Senf und 1 Prise Salz verrühren, das Olivenöl darunterschlagen. Fenchel und Zwiebel mit der Hälfte des Dressings gut mischen, kurz durchziehen lassen. Den Salat mit Orangenfilets und Oliven auf Tellern verteilen. Die übrige Vinaigrette darüberträufeln, den Hüttenkäse daraufgeben und das Fenchelgrün darüberstreuen.

Tipp Sollte es Ihnen zu umständlich sein, die Orangen zu filetieren, schälen Sie die Orangen und schneiden Sie sie quer in 1 cm dicke Scheiben.

Maronen-Rosenkohl-Pfanne

ergibt ca. 4 Portionen • Zubereitungszeit ca. 1,5 Stunden

500 g Rosenkohl
Salz
150 g Rosinen
3 Eier
800 ml Gemüsebrühe
350 Kastanienmehl (Reformhaus)
8 EL Olivenöl
Pfeffer aus der Mühle

2 Zweige Rosmarin
500 g gegarte Maronen (Esskastanien, vakuumverpackt)

außerdem
1 Tarteform (30 cm Durchmesser)
Öl für die Form

1 Rosenkohl waschen, putzen und am Stiel kreuzweise einschneiden. In kochendem Salzwasser 5 Minuten kochen. In einem Sieb abgießen und gut abtropfen lassen.

2 Rosinen in etwas lauwarmem Wasser einweichen.

3 Die Eier trennen. Gemüsebrühe in einem Topf leicht erwärmen. Das Kastanienmehl unter ständigem Rühren mit der Brühe, 6 EL Olivenöl und den Eigelben glatt rühren. Mit Salz und Pfeffer abschmecken.

4 Den Backofen auf 180 °C (Umluft 160 °C) vorheizen. Die Form mit Öl ausstreichen. Eiweiße leicht schaumig schlagen und mit den abgetropften Rosinen unter das Kastanienpüree heben. Die Masse in die Form füllen.

5 Rosmarin abspülen, trocken tupfen und die Blättchen grob hacken, mit den Maronen und dem Rosenkohl in der Form verteilen. Im heißen Ofen (Mitte) ca. 30 Minuten backen. Die Pinienkerne 5 Minuten vor dem Ende der Backzeit darüberstreuen und mitbräunen lassen.

Tipp Sie können natürlich auch Kastanien mit Schale benutzen. Dazu die Schale der Kastanien mit einem scharfen Messer einschneiden, auf einem Backblech im vorgeheiztem Ofen bei 180 °C etwa 15 Minuten rösten. Die Kastanien etwas auskühlen lassen, schälen und dabei auch die dunkle Haut unter der Schale entfernen.

Gebackener Rotkohl mit Quitte und Walnüssen

ergibt ca. 4 Portionen • Zubereitungszeit ca. 1,5 Stunden

1 kleiner Rotkohl (ca. 800 g)
8 EL Öl
Salz
Pfeffer
1 Prise gemahlener Zimt
500 g Quitten
3 EL Butter
250 ml Apfelsaft

150 g Quittengelee
100 g Walnusskerne
500 g Tofu

außerdem
1 große feuerfeste Form
Fett für die Form

1 Vom Rotkohl äußere, welke Blätter entfernen. Den Kohl achteln, den Strunk so entfernen, dass die Blätter noch zusammenhalten.

2 Den Backofen auf 180 °C (Umluft 160 °C) vorheizen. Die Form einfetten. 4 EL Öl in einer Pfanne erhitzen und die Rotkohlspalten auf beiden Seiten jeweils 2 Minuten anbraten. Dann in die Form legen, mit Salz, Pfeffer und Zimt würzen.

3 Die Quitten schälen, achteln und das Kerngehäuse entfernen. Die Butter in einer Pfanne erhitzen und die Quitten bei mittlerer Hitze darin 5 Minuten braten.

4 Die Quitten mit der Bratbutter über dem Rotkohl verteilen, Apfelsaft darübergießen und das Quittengelee darauf verteilen. Die Form mit Alufolie gut abdecken und den Quitten-Rotkohl im heißen Ofen (Mitte) ca. 1 Stunde garen. Etwa 10 Minuten vor dem Ende der Garzeit die Folie entfernen und die Walnüsse auf dem Rotkohl verteilen und fertig garen.

5 Inzwischen den Tofu abtropfen lassen. Das übrige Öl in einer Pfanne erhitzen. Den Tofu in 2 cm dicke Scheiben schneiden und von beiden Seiten darin goldgelb anbraten, salzen, pfeffern und mit dem Rotkohl servieren.

Tipp Anstelle der Quitten können Sie auch Boskop-Äpfel verwenden. Diese sollten Sie aber erst 20 Minuten vor Ende der Garzeit zugeben.

Alphabetisches Rezeptverzeichnis

Auberginen-Mozzarella-Auflauf 60

Bärlauch-Timbale mit Erbsen 20
Blumenkohl-Kartoffel-Curry 32
Bratlinge mit eingelegten Paprikaschoten 38
Bunter Nudelsalat 36

Dillkartoffeln mit Ei 96

Fenchel-Orangen-Salat mit Hüttenkäse 100
Frühlingsgemüse mit Amaranth 24

Gebackener Kohlrabi mit Kartoffelecken 26
Gebackener Kürbis mit Apfel-Birnen-Salat 76
Gebackener Rotkohl mit Quitte und Walnüssen 104
Gefüllte Paprikaschoten auf Szegediner Kraut 92
Gemüse in Kokosmilch mit Cashewkernen 28
Geschmortes Herbstgemüse aus dem Ofen 62
Getrocknete Zucchini mit Auberginenmus 50

Hirse-Spinat-Buletten mit Schafkäse 30
Holunder-Spargel in Folie gegart 14

Italienischer Bohnentopf 74

Karamellisierte Schalotten mit Gemüsepolenta 98

Kartoffel-Paprikagulasch 42
Knödelsalat mit Pilzen 82
Knusprige Zucchini-Möhren-Frikadellen 48
Kürbis auf Reis mit schwarzen Bohnen 78
Kürbisgnocchi mit Salbei 66
Kürbissuppe mit Lauch 68

Lauchgemüse mit Safranrisotto 58

Mango-Birnen-Salat mit Roter Bete 64
Mangold-Graupen-Auflauf 54
Maronen-Rosenkohl-Pfanne 102

Obazda-Brezel-Knödel auf Radieschensalat 22

Pastinaken-Brokkoli-Suppe 84

Ratatouille aus dem Backofen 40

Saure Linsen mit Rahmküchlein 94
Sellerieschnitzel auf Erbsencreme mit Spiegelei 70
Spaghetti mit frischer Tomatensauce 44
Spargel mit Sauce hollandaise 18
Spargel-Tomaten-Salat 16
Steinpilz-Süßkartoffel-Pfanne 80

Tobinambur mit Frischkäse und Senffrüchten 88
Tofu-Spinat-Lasagne 72
Tomatensuppe mit Pesto 46

Wassermelonen-Avocado-Salat 52
Wirsing in Meerrettich-Senfsauce mit gebratenen Äpfeln 90

Die Abkürzungen in diesem Buch

Gewichtseinheiten

g   Gramm   1 g = 0,001 kg
kg   Kilogramm   1 kg = 1000 g

Maßeinheiten

EL   Esslöffel   gemeint ist ein gestrichener Esslöffel
TL   Teelöffel   gemeint ist ein gestrichener Teelöffel

ml   Milliliter   1 ml = 0,001 l
l   Liter   1 l = 1000 ml

weitere Abkürzungen

Msp.   Messerspitze

kcal   Kilokalorien   beschreibt den Energiewerte von Nahrungsmitteln
kJ   Kilojoule   beschreibt ebenfalls den Energiewerte von Nahrungsmitteln
                                   1 kcal sind ca. 4,19 kJ
                                   Frisches Kürbisfleisch hat ca. 25 kcal / 105 kJ pro 100 g

Umrechnung der Temperaturen für andere Herdarten

Es können hier nur Zirka-Werte angegeben werden – denn die Angaben unterscheiden sich von Herd zu Herd. Um optimale Back- und Bratergebnisse zu erzielen, sollten Sie mit einem Backofenthermometer arbeiten. Lesen Sie auch in der Gebrauchsanweisung Ihres Herds nach.

Ober-/Unterhitze 160 °C   Heißluft 140 °C   Gas Stufe 1–2
Ober-/Unterhitze 180 °C   Heißluft 160 °C   Gas Stufe 2–3
Ober-/Unterhitze 200 °C   Heißluft 180 °C   Gas Stufe 3–4
Ober-/Unterhitze 220 °C   Heißluft 200 °C   Gas Stufe 4–5
Ober-/Unterhitze 250 °C   Heißluft 230 °C   Gas Stufe 6

ISBN: 978-3-8094-2960-9

© 2012 by Bassermann Verlag, einem Unternehmen der
Verlagsgruppe Random House GmbH, 81673 München

Die Verwertung der Texte und Bilder, auch auszugsweise, ist ohne Zustimmung des Verlags urheberrechtswidrig und strafbar. Dies gilt auch für Vervielfältigungen, Übersetzungen, Mikroverfilmung und für die Verarbeitung mit elektronischen Systemen.

Umschlaggestaltung: Atelier Versen, Bad Aibling
Buchgestaltung: Epsilon2, Mundelsheim
Fotografie: Karl Newedel, München
Redaktion und Texte Seite 7 bis 10: Jacqueline Böttcher, München
Bildredaktion: Sabine Kestler
Herstellung: Elke Cramer
Projektleitung: Anja Halveland

Die Ratschläge in diesem Buch sind vom Autor und vom Verlag sorgfältig erwogen und geprüft, dennoch kann eine Garantie nicht übernommen werden. Eine Haftung des Autors bzw. des Verlags und seiner Beauftragten für Personen-, Sach- und Vermögensschäden ist ausgeschlossen.

Satz: Nadine Thiel | kreativsatz, Baldham
Litho: Artilitho snc, Lavis (Trento)
Druck: Neografia, Martin

Printed in Slovakia

Verlagsgruppe Random House FSC®-DEU-0100
Das für diesen Titel verwendete FSC®-zertifizierte Papier *Profisilk* wurde produziert von Sappi Alfeld.

817 2635 4453 6271